Mamíferos en Movimiento

POR: MELISSA WHITTINGTON

León

Los leones, reyes de la selva, viven en manadas con jerarquías sociales y rugidos impresionantes.

Elefante

Los elefantes, el mamífero terrestre más grande, son muy inteligentes, tienen fuertes lazos familiares y trompas para agarrar y barritar.

Cebras

Conocidas por sus rayas blancas y negras, las cebras viven en manadas y son corredores sorprendenteme nte rápidos.

Jirafa

Las jirafas, el mamífero terrestre más alto, tienen cuellos largos para alcanzar hojas altas y una vista excelente.

Chimpancé

Nuestro pariente vivo más cercano, los chimpancés, son muy inteligentes con comportamientos sociales complejos y utilizan

Gorila

Los gorilas, los primates más grandes, son herbívoros pacíficos que viven en grupos familiares y son conocidos por su impresionante fuerza.

orangután

Los orangutanes, que se encuentran en las selvas tropicales, son simios inteligentes conocidos por sus habilidades para trepar y su pelaje rojizo.

Delfines

Juguetones y sociales, los delfines son mamíferos marinos conocidos por su inteligencia, acrobacias y chasquidos y silbidos.

Ballena

Las ballenas, el animal más grande de la Tierra, son gentiles gigantes con cantos complejos y placas con barbas para filtrar los alimentos.

Oso

Poderosos omnívoros, los osos vienen en varias especies, como los osos grizzly con poderosas garras y los osos polares adaptados a la vida ártica.

Canguro

Los canguros, que se encuentran en Australia, son marsupiales saltadores con bolsas para transportar patadas jóvenes y fuertes.

Coala

Los koalas, adorables marsupiales de pelaje gris, pasan la mayor parte del tiempo en los eucaliptos comiendo hojas.

Lémur

Los lémures provienen de Madagascar y tienen ojos grandes y una cola larga y tupida.

Ciervo

Los ciervos, herbívoros elegantes, se presentan en varios tipos, con impresionantes astas en los machos y una excelente capacidad auditiva y de salto.

Lobo

Los lobos, depredadores sociales, viven en manadas y desempeñan un papel vital en los ecosistemas al controlar las poblaciones de presas.

Zorro

Astutos y adaptables, los zorros son depredadores más pequeños con sentidos agudos y conocidos por sus colas tupidas.

Conejo

Lindos y rápidos, los conejos son herbívoros excavadores con fuertes garras excavadoras y orejas largas para escuchar a los depredadores.

Uno

Los murciélagos, el único mamífero volador, navegan mediante ecolocalización y son polinizadores vitales para muchas plantas.

Hipopótamo

Herbívoros semiacuáticos, los hipopótamos pasan la mayor parte del tiempo en el agua y tienen colmillos grandes y mordidas poderosas.

¡Adiós!